Préface du général d'armée aérienne André Lanata, chef d'état-major de l'armée de l'Air

Les premières ébauches de l'emploi militaire d'aéronefs remontent à 1783 dès les débuts de l'aérostation. Il faut cependant attendre un siècle pour voir se développer réellement l'emploi de l'aviation en temps de guerre. Le conflit de 1914-1918 marque le baptême du feu d'une aéronautique militaire naissante, explorant les grandes potentialités qu'offre l'arme aérienne.

La Première Guerre mondiale voit l'avènement des missions de reconnaissance, de bombardement et de chasse. En 1916 se déroule à Verdun la première bataille aérienne de l'histoire dans laquelle s'affrontent les aviateurs français et allemands pour acquérir et maintenir une maîtrise du ciel indispensable à la manœuvre terrestre. Ce qui est nouveau à cette époque est l'idée que l'arme aérienne doit être utilisée de façon indépendante plutôt que de servir seulement au soutien des forces navales ou terrestres. Ce faisant, les forces aériennes apportent aux domaines naval et terrestre la liberté de manœuvre indispensable à la conduite de leurs propres opérations.

Édouard Barès participe au développement de l'aviation militaire française pendant la guerre. Maurice Happe est un des « pères » du bombardement stratégique. Charles de Rose initie la réflexion sur l'emploi de l'aviation de chasse dans laquelle s'illustrent des pionniers tels Georges Guynemer, Charles Nungesser et René Fonck.

L'évolution du matériel aérien et ses performances s'accélèrent dans un remarquable processus d'innovation technologique. Celle-ci est marquée notamment par la mise au point du système de synchronisation de tir à travers l'hélice. Dès 1917 est même expérimenté pour la première fois un avion non piloté radio-télécommandé qui préfigure le drone.

En 1919, avec le retour à la paix, l'aviation doit trouver sa place dans une société en recomposition. Les « chevaliers de l'air » assurent sa promotion à travers des destins souvent tragiques. L'aviation poursuit son ascension avec le développement de grands raids et de meetings. L'armée de l'Air naît en 1934 ce qui lui permet, à son tour, 16 ans après la *Royal Air Force* britannique, d'exploiter tous les atouts de l'arme aérienne, de façon indépendante sans

Un équipage de l'escadrille n°33 part en 1917 pour une mission de reconnaissance. Le fuselage de cet avion Dorand porte l'insigne de « la hache d'A Bordage » qui fait allusion au nom du commandant de l'escadrille. L'héritage et les traditions de la 33 ont été repris dans l'armée de l'Air et ont perduré au sein de l'escadron de reconnaissance « Belfort » qui, dans les années 1980, est équipé d'avions Mirage F1-CR et commandé par André Lanata. Le « Belfort » constitue aujourd'hui le premier escadron de drones militaires de l'armée française après avoir été créé en 2010.

se limiter aux simples missions d'une aviation d'appui aux troupes au sol.

L'identité et la symbolique des aviateurs de 14-18 se perpétuent encore aujourd'hui, avec la transmission des traditions. Les grandes figures de l'aviation de l'époque sont ainsi toujours présentes et un siècle plus tard leurs exploits mémorables restent ancrés dans nos mémoires. Des As et d'illustres aviateurs ont donné leur nom à des bases aériennes et à des promotions de l'École de l'Air. La dernière citation à l'ordre de l'armée, décernée à Guynemer fin 1917, est depuis lue chaque année sur toutes les bases aériennes le 11 septembre, jour de sa disparition en combat aérien.

Héritiers et dépositaires de leurs glorieux aînés, les aviateurs de 2018 perpétuent aujourd'hui les traditions de 1914-1918 et les enrichissent de leurs propres faits d'armes. Les personnels de l'armée de l'Air sont engagés chaque jour en opérations, au service de la France, sur des avions de combat Rafale et Mirage 2000 qui portent sur leurs empennages les insignes d'illustres escadrilles glorieuses comme celles des « Cigognes » et du « La Fayette » qui ornaient un siècle plus tôt les chasseurs SPAD et Nieuport.

L'exposition au château de Vincennes « 1914-1918, le ciel en guerre » illustre l'engagement de l'aéronautique militaire et maritime pendant ce conflit.

Le Service historique de la Défense qui se mobilise depuis quatre ans sur le centenaire de la Première guerre mondiale, est l'un des gardiens et garants de l'histoire riche et passionnante de l'armée de l'Air. Qu'il en soit remercié.

Préface de Pierre Laugeay, chef du Service historique de la Défense

Le Service historique de la Défense (SHD), premier service national d'archives en France, rassemble sur dix sites des archives d'une richesse incomparable relevant de l'activité militaire de la France depuis le dix-septième siècle.

Les chercheurs et le public peuvent consulter au Centre historique des archives à Vincennes plusieurs centaines de cartons d'archives sur l'aviation et l'aérostation durant la Première Guerre mondiale. La lecture et l'analyse de ces documents sont complétées par des milliers de dossiers d'aviateurs et plus de 75 000 fiches du personnel de l'aéronautique 1914-1918 visibles sur le site Internet « Mémoire des hommes », piloté par la Direction des patrimoines, de la mémoire et des archives.

Le Centre historique des archives conserve également les travaux de la section d'histoire orale qui a enregistré à partir de 1974 les témoignages sonores d'anciens aviateurs de la Première Guerre mondiale pour compléter les archives écrites et obtenir une vision plus personnelle des évènements. Lors de cette campagne de recueil, des vétérans ont déposé au Service historique des documents écrits et des photographies. Ces dons ont entrainé la création d'une photothèque comprenant aujourd'hui plusieurs millions de vues dont des photographies aériennes.

La division Symbolique possède des objets ayant trait au conflit notamment des uniformes, des entoilages d'avions, des insignes d'escadrilles et de spécialités.
La bibliothèque, qui est la troisième plus grande de France de par le nombre de ses ouvrages, offre aux lecteurs des récits de guerre, des mémoires et des autobiographies.
Ces multiples documents sont complétés par les fonds du Centre des archives de l'armement et du personnel civil de Châtellerault, qui comprennent de nombreuses informations sur l'évolution de l'armement et de la technologie.

Ce livret présente une partie des documents exposés au château de Vincennes du 28 mai au 16 septembre 2018 dans le cadre de l'exposition « 1914-1918, le ciel en guerre. L'aéronautique militaire et maritime française ».

Les objets et documents exposés au Pavillon du Roi du 28 mai au 16 septembre dans le cadre de cette exposition sont uniques. Ils expriment bien la volonté du SHD de mettre à la disposition de l'ensemble de la communauté nationale les biens de la Nation. Par cette manifestation, qui s'inscrit dans le centenaire de la Première guerre mondiale, le SHD complète son évocation, entreprise dès 2014, de l'engagement des armes françaises entre 1914 et 1918, sur terre, sur mer et maintenant dans les airs.

Célestin Pégoud (1889-1915) accomplit en 1913 deux premières de manière officielle et en public : un saut en parachute depuis un avion et un « looping ». Devenu pilote de chasse, il est en avril 1915 le premier Français consacré « As » à sa cinquième victoire aérienne homologuée puis tombe au cours d'un combat le 31 août suivant.

LES DÉBUTS DE L'AÉROSTATION ET DE L'AVIATION

En 1783, des aéronautes français s'élancent en ballons à la conquête du ciel. L'Armée et la Marine s'intéressent aux potentiels militaires de l'aérostation dès la fin du XVIIIe siècle et tout au long du XIXe siècle. L'aviation française prend son envol en 1909 et contribue à l'éclosion de l'aéronautique militaire et maritime. En seulement cinq années, l'avion devient un moyen de locomotion utilisable dans un conflit même si son utilisation n'est pas encore définie.

L'aérostation

■ Les frères Montgolfier fabriquent un globe renfermant de l'air chaud qui s'élève dans l'air. Après de multiples essais, une démonstration a lieu le 19 septembre 1783 au château de Versailles. Elle fait entrer l'humanité dans l'ère de l'aérostation. Cette expérience précède le premier vol humain accompli le 21 novembre 1783 par Jean-François Pilâtre de Rozier et le marquis François d'Arlandes. André Giroud de Villette décrit dans le *Journal de Paris* du 26 octobre 1783 l'intérêt militaire des ballons pour l'observation : « […] *cette Machine peu dispendieuse, serait très utile dans une armée pour découvrir la position de celle de son ennemi, ses manœuvres, ses marches, ses dispositions, et les annoncer par des signaux aux troupes alliées de la Machine.* »

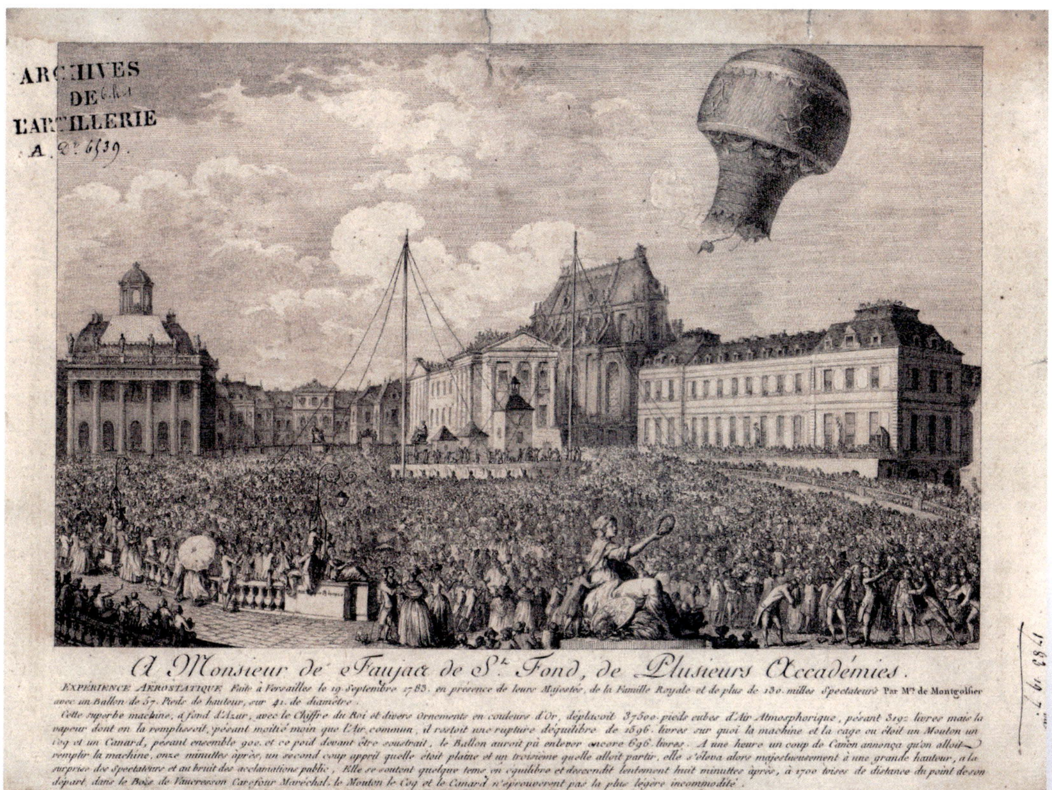

Gravure anonyme.
La démonstration du 19 septembre 1783 des frères Montgolfier.
La montgolfière s'élève en emportant trois animaux.

© Service historique de la Défense, CHA Vincennes, GR 6 W 175.

■ Pendant la Révolution française, le Comité de salut public crée le 2 avril 1794 une Compagnie d'aérostiers constituant ainsi le premier service d'aérostation militaire au monde. Le 26 juin 1794, le ballon *L'Entreprenant* participe à la victoire française de Fleurus.

Dessin de 1946. Au premier plan les tenues des aérostiers militaires, au second plan à l'extrémité gauche un four produisant l'hydrogène pour gonfler les ballons et, en haut à droite, un aérostat captif relié au sol par des cordages avec deux aéronautes à bord de la nacelle.

Trois quarts de siècle plus tard, après la défaite des armées françaises en septembre 1870, Paris est assiégée par les troupes prussiennes. Soixante-six ballons libres gonflés à l'hydrogène permettent de transporter en province du courrier, des pigeons voyageurs et des personnalités politiques comme Léon Gambetta. Ces aérostats sont mis en œuvre par des marins qui ont l'habitude de manier les cordages.

Dessin de 1947. On distingue à gauche deux officiers de la Marine reconnaissables à leur casquette, et à droite deux exécutants coiffés de bérets à pompons.

■ En 1877 l'Établissement central de l'aérostation militaire de Chalais-Meudon est créé. C'est le plus ancien laboratoire d'essais au monde. Il conçoit l'ensemble du matériel aérostatique et forme le personnel à son utilisation.

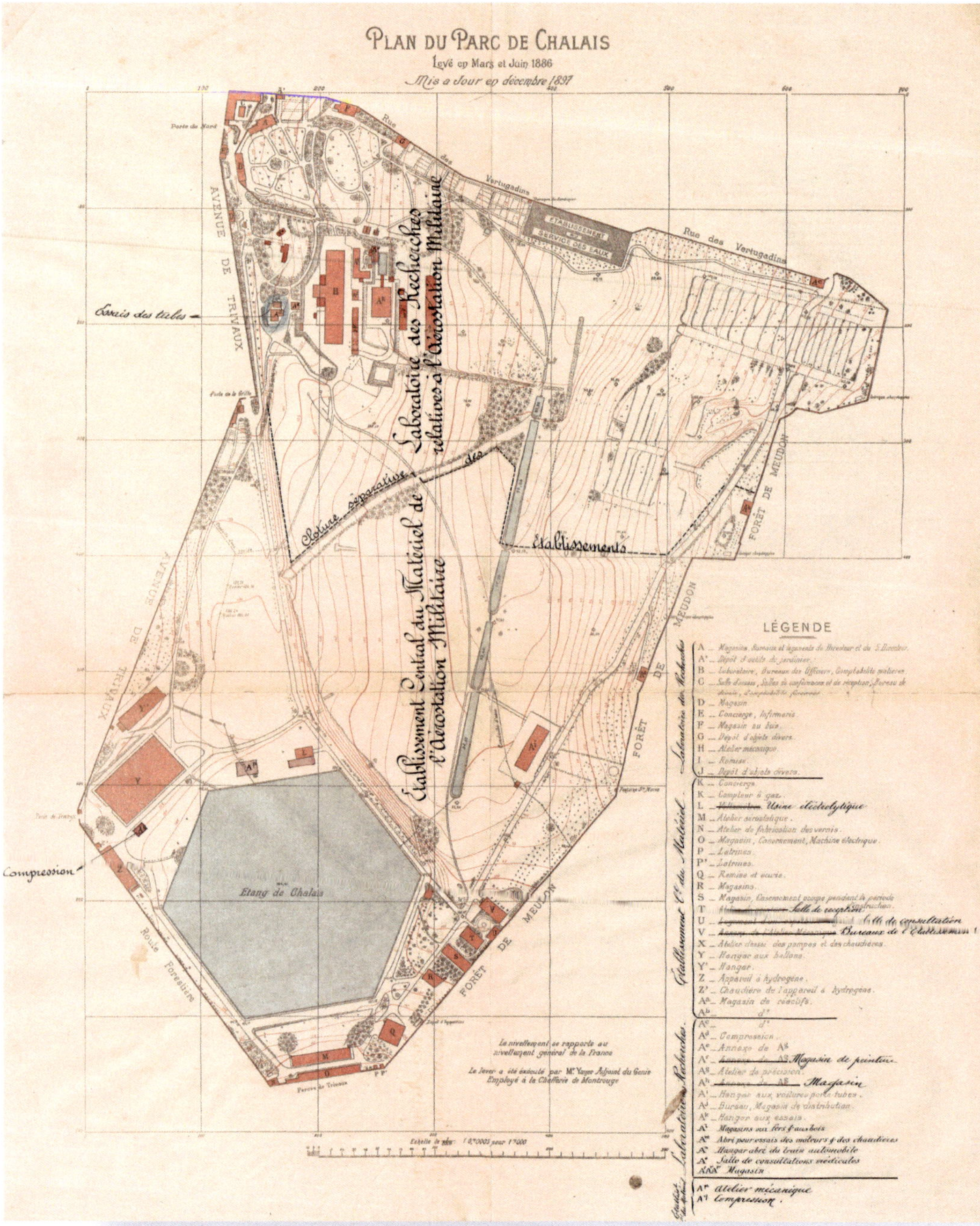

Plan de 1904. En bas l'étang de Chalais et l'Établissement d'aérostation, en haut le Laboratoire des recherches dédié à l'aérostation militaire, à droite la forêt de Meudon et une légende détaillant les bâtiments.

© Service historique de la Défense, CHA Vincennes, DE 2012 ZL 243/3.

■ L'établissement de Chalais-Meudon est dirigé par l'officier du Génie Charles Renard qui, avec son adjoint Arthur Krebs, construit un ballon dirigeable baptisé *La France*. Ils accomplissent le 9 août 1884 le premier parcours aérien en circuit fermé avec retour au point de départ.

Photographie prise depuis l'observatoire de Meudon. Elle immortalise un moment inédit : des êtres humains se déplaçant librement dans le ciel.

© Service historique de la Défense, CHA Vincennes, DE 2012 ZL 243/37.

■ Les progrès accomplis par les moteurs à explosion ouvrent au début du XXe siècle de nouveaux horizons à la locomotion aérienne.

Carte postale montrant un ballon dirigeable survolant les 50 m du donjon du château de Vincennes. Ce château, autrefois logis royal puis prison d'État, abrite aujourd'hui l'administration et une partie des fonds et collections du Service historique de la Défense, service d'archives du ministère des Armées.

© Service historique de la Défense, CHA Vincennes, GR 2 K 19.

L'âge héroïque de l'aviation

■ L'ingénieur Clément Ader conçoit l'*Éole*, un appareil de navigation aérienne à moteur à vapeur. Le 9 octobre 1890 il réalise un bond de 50 m. C'est le premier décollage d'un homme sur un engin « plus lourd que l'air » mû par ses propres moyens. Le ministère de la Guerre signe le 3 février 1892 avec Ader une convention et lui fournit des moyens pour construire une machine capable d'aller bombarder l'Allemagne. *L'Avion* n°3 est essayé mais, le 14 octobre 1897, Ader s'écrase après un vol non contrôlé d'environ 200 mètres. Le contrat gouvernemental est annulé.

L'Éole entreposé à Paris.

© Service historique de la Défense, collection CHA Vincennes.

■ Ferdinand Ferber, polytechnicien et artilleur, réalise à la fin du XIXe siècle des vols en planeur. Il accomplit en mai 1905 la première glissade motorisée en Europe. Le 22 septembre 1909, il devient le premier pilote français à mourir dans un accident d'aéroplane.

Portrait de Ferdinand Ferber en uniforme, arborant la Légion d'honneur et portant ses trois galons de capitaine.

© Service historique de la Défense, CHA Vincennes, AI Fi B84-458.

■ L'aviation française prend son essor en 1909. Louis Blériot décolle de Calais le 25 juillet 1909 pour traverser la Manche (environ 40 km) en aéroplane et se poser à Douvres. En août 1909 se déroule à Reims le premier meeting international et en septembre de la même année l'armée française est la première en Europe à acheter des aéroplanes. Le 29 mars 1912 est votée une loi portant sur la création et l'organisation de l'aéronautique militaire.

Réclame du grand magasin Au Bon Marché *qui s'associe à l'exploit international de la traversée de la Manche.*

© Service historique de la Défense, CHA Vincennes, Fi B76-1319.

■ Le 22 septembre 1913, Roland Garros traverse en avion la mer Méditerranée (plus de 700 km). L'aviation devient un sport populaire. Cet engouement donne lieu à un *Jeu de la course d'aéroplanes* qui semble dater de 1909.

Dessin. En haut à gauche du plateau, un aéroplane monoplan à hélice tractive, inspiré par la forme du Blériot XI, et à droite le biplan à hélice propulsive des frères américains Wright qui ont réalisé le 17 décembre 1903 le premier vol soutenu, propulsé et dirigé de l'histoire de l'aviation.

© Service historique de la Défense, CHA Vincennes, AI Z 29738.

Les débuts de l'aviation maritime

■ Henry Fabre s'intéresse à la possibilité de voler depuis un plan d'eau. Il réussit le premier décollage d'un hydravion le 28 mars 1910 sur l'étang de Berre. La Marine française acquiert en septembre 1910 un aéroplane pour étudier ses applications militaires.

■ Le lieutenant de vaisseau Louis Byasson (1870-1911), entré à l'École navale en 1888, devient le 9 août 1910 le premier marin breveté pilote d'aéroplane. Il étudie en mars 1911 l'application de la boussole à la navigation aérienne. Le 14 avril 1911 Byasson s'écrase au cours d'un vol. Il devient le premier marin à décéder en service aérien commandé.

© Service historique de la Défense, CHA Vincennes, MV 1 Coll. 6.

■ Le Service de l'aviation maritime naît le 20 mars 1912. Il comprend un centre de l'aviation navale à Fréjus Saint-Raphaël. Le bâtiment *La Foudre* est aménagé pour recevoir des hydravions.

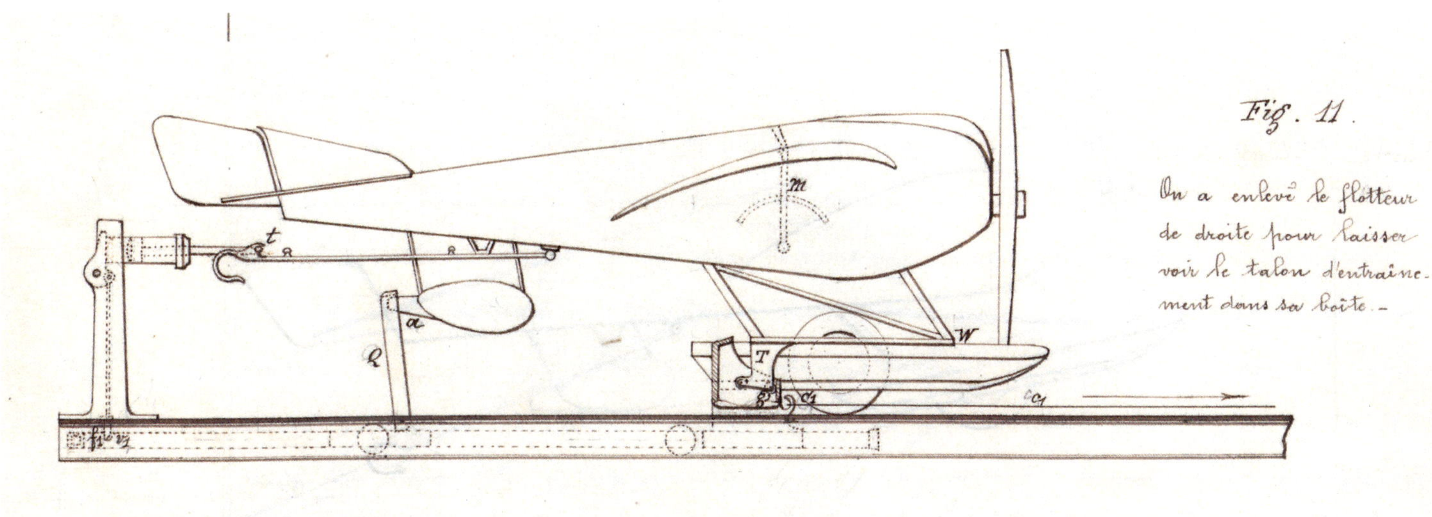

Le maître mécanicien Écorchon propose en juillet 1914 un « Dispositif pour le lancement des aéroplanes du pont d'un navire et leur retour à bord » avec dessin explicatif.

© Service historique de la Défense, CHA Vincennes, MV SS Vk 5.

LA PREMIÈRE GUERRE AÉRIENNE (1914-1918)

Le conflit de 1914-1918 constitue la première guerre aérienne d'envergure où l'emploi de l'aviation et de l'aérostation dans les opérations militaires est généralisé. En quatre années, l'aéronautique acquiert des principes, une doctrine et une organisation. Les combats se livrent désormais y compris dans la troisième dimension pour avoir la supériorité aérienne. La production industrielle et la formation des personnels atteignent un niveau inédit, tout comme les performances des appareils (avions, hydravions, ballons) qui remplissent des missions de plus en plus vastes.

La reconnaissance

■ La guerre commence en août 1914. Les aviateurs, disposant d'une centaine d'aéronefs, démontrent leur utilité. Le général Joseph Joffre, chef d'état-major des armées, nomme en septembre 1914 le commandant Joseph Barès à la tête du service aéronautique du Grand quartier général. Barès deviendra général en 1923 puis chef d'état-major des forces aériennes en 1931.

Barès, qui a observé les prémices de la guerre aérienne dans les Balkans en 1912, organise les escadrilles, regroupant appareils et aviateurs au sein d'unités constituées, autour de trois missions : reconnaissance et observation, bombardement et chasse. Chaque escadrille porte pour initiales celles du modèle d'avion qui l'équipe.

Photographie du 2 avril 1916. De gauche à droite : Barès en discussion avec Joffre suivi par le général Philippe Pétain.

© Service historique de la Défense, CHA Vincennes, AI 18 Z 13515.

■ Trois types de missions prédominent pour la recherche de renseignements : reconnaissance des objectifs, réglage des tirs d'artillerie, couverture photographique du terrain. Des appareils photos sont emmenés à bord des avions pour prendre des clichés du front afin d'avoir une connaissance précise des positions ennemies.

Pendant que le pilote se prépare, l'opérateur en place arrière vérifie l'état de marche de son matériel.

© Service historique de la Défense, CHA Vincennes, AI Fi B77-93.

■ Les négatifs des photographies aériennes sont développés rapidement au sol pour être exploités aussitôt. Plus de deux millions de photos aériennes sont prises. Elles deviennent de plus en plus précises grâce aux améliorations techniques. Le capitaine Paul-Louis Weiller développe la reconnaissance photographique stratégique qui permet l'observation en profondeur des lignes ennemies.

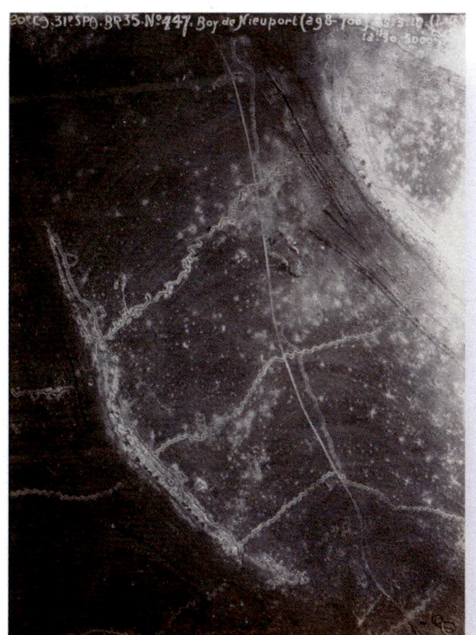

L'inscription marquée sur ce cliché précise qu'il a été pris le 23 mars 1918 à 12 h 30 à 3 000 m d'altitude depuis un avion Breguet XIV *de l'escadrille BR 35. Les boyaux des tranchées se détachent nettement.*

© Service historique de la Défense, CHA Vincennes, AI 1 A 312.

Le bombardement

■ Dans cette guerre industrielle, des raids aériens visent à atteindre les objectifs militaires, le potentiel économique et le moral de la population ennemie. Les équipages jettent par-dessus bord des fléchettes d'acier sur les soldats ennemis puis des obus d'artillerie modifiés qui explosent au contact du sol. La précision est alors aléatoire. L'aviation de bombardement est la première spécialité officiellement créée avec la constitution, le 23 novembre 1914, du Groupe de bombardement n°1. Le Groupe de bombardement n°1 « GB1 » réalise des raids contre les usines, centrales électriques et nœuds ferroviaires allemands. Des perfectionnements permettent d'optimiser les frappes : bombes fixées sous les ailes, appareils de visée.

Photographie de groupe du GB1 prise en 1915. Les tenues vestimentaires des aviateurs soulignent la diversité de leurs armes d'origine : artillerie, cavalerie, génie, infanterie, Marine. Les manteaux en fourrure protègent du froid pendant les vols en altitude.

© Service historique de la Défense, CHA Vincennes, AI 1 A 21.

■ La population civile parisienne subit dès août 1914 des bombardements aériens allemands exécutés par des avions et aussi des dirigeables *Zeppelin*. Les pays belligérants des deux camps se livrent à ce genre d'attaque qui cause un choc au sein de l'opinion publique.

Cette brochure intitulée Paris sous les bombardements, *éditée en 1919, dresse la liste des raids allemands et des victimes françaises. L'attaque du 11 mars 1918 fait 103 morts. Paris est représentée en allégorie avec sa devise latine et les silhouettes de ses monuments emblématiques. Un avion allemand* Gotha *apparait dans le faisceau d'un projecteur de la défense anti-aérienne du camp retranché de Paris.*

© Service historique de la Défense, CHA Vincennes, AI Z 4602.

■ À partir de mars 1915, des avions français opèrent la nuit pour se soustraire à la chasse et à la défense anti-aérienne de l'ennemi à la faveur de l'obscurité.

Tableau d'Alfred Daguet, achevé en février 1918. Titre « Les Voisin Renault *de bombardement peints en noir pour sorties nocturnes au matin à leur centre, 12.1917 ». Il montre ces appareils au retour de mission, endommagés par des tirs adverses. Les couleurs du ciel, baigné des rayons du soleil levant, contrastent avec le paysage terrestre détruit par les tirs d'artillerie.*

■ Une commission examine début 1919 l'impact en France des bombardements ennemis.

Le militaire posant sur cette photographie prise à Rosières, en Meurthe-et-Moselle, près du talus du chemin de fer, qui abrite des tombes, permet de se faire une idée des dimensions de l'entonnoir creusé par l'explosion d'une bombe aérienne.

La chasse

■ Très tôt dans le conflit, des équipages composés d'un pilote et d'un mitrailleur essaient d'abattre les ennemis croisés dans le ciel. La première victoire aérienne officielle est remportée le 5 octobre 1914 par Joseph Frantz et Louis Quenault. Pour confirmer les victoires, un processus d'homologation est mis en place dans l'armée française : la destruction de l'appareil adverse (avion, hydravion, ballon, dirigeable) doit avoir eu lieu au-dessus du territoire français et sa constatation doit avoir été faite par les troupes au sol ou par deux autres pilotes. Dans les autres cas, la victoire n'est pas comptabilisée et ne reste que probable.

Des aviateurs français servent dans l'armée d'Orient. Sur cet avion de l'escadrille MF 193 (MF pour avion Maurice-Farman), photographié en Serbie en 1915, le pilote le capitaine Paulhan est à l'avant et son mécanicien le caporal Lestradet à l'arrière avec une mitrailleuse.

La chasse consiste à attaquer les appareils adverses. Elle gagne en intensité durant le second semestre 1915 avec l'arrivée d'appareils monoplaces permettant au pilote de tirer droit devant lui à travers le champ de l'hélice.

Un avion Henry Farman *poursuit un* Zeppelin.

L'escadrille MS 12

■ Le 1er mars 1915, l'escadrille n°12 devient la première consacrée à la chasse.

Les aviateurs, ayant acquis des victoires début avril, se font photographier le 12 avril avec leur chef, le commandant de Rose, sur le terrain d'aviation de Muizon (Marne). De gauche à droite : Navarre, Robert, de Bernis, de Rose (devant l'hélice de l'avion), Chambe, Pelletier-Doisy. Ce document est dédicacé avec les signatures des aviateurs et la mention « Souvenir du 1er et 2 avril 1915. La MS 12 au commandant de Rose ».

Photographie de Jean Navarre (1895-1919). Breveté pilote en 1914, il accomplit des missions de reconnaissance et de bombardement. Virtuose de l'acrobatie aérienne, il est affecté début 1915 à la MS 12 et y remporte les premières de ses douze victoires aériennes, ce qui lui vaut d'être surnommé « la sentinelle de Verdun ». Blessé en juin 1916, Navarre est soigné jusqu'à la fin de la guerre. Démobilisé au grade de sous-lieutenant, il devient pilote d'essais et se tue en vol le 10 juillet 1919.

Photographie de Jean Robert (1891-1916) observateur à la MS 12. Breveté pilote militaire en septembre 1915, il rejoint en février 1916 l'escadrille N 5 pour y décrocher une victoire le 24 avril. Le lieutenant Robert est tué en combat aérien le 24 mai 1916 dans le secteur de Verdun.

Photographie de Raymond de Pierre de Bernis (1880-1945). Officier de cavalerie, il obtient son brevet de pilote en 1912. Nommé à la tête de la MS 12 en mai 1915 puis en janvier 1918 au groupe des avions de chasse de la 2e armée, il abat plusieurs avions. Victime d'une gelure en vol, il perd l'usage d'un œil. Après-guerre, de Bernis part en mission en Pologne puis est en poste au Service historique de l'armée.

Photographie de Charles de Tricornot de Rose (1876-1916). Officier de cavalerie, il est détenteur le 7 février 1911 du premier brevet militaire d'aéroplane. Chef du service aéronautique de la Vᵉ Armée, le commandant de Rose développe l'aviation de chasse. Après l'attaque aérienne allemande sur Verdun fin février 1916, il regroupe une centaine de pilotes de chasse dont la mission est de voler en patrouilles afin d'avoir la supériorité aérienne et la maîtrise de la troisième dimension. De Rose perd la vie le 11 mai 1916 lors d'un vol de démonstration aérienne.

Photographie de René Chambe (1889-1983). Officier de cavalerie, il intègre l'aviation fin 1914. Il remporte une victoire en 1915 à la MS 12 puis, breveté pilote en février 1916, part en mission en Roumanie. En août 1917 le capitaine Chambe est blessé en combat aérien. Il fonde en 1934 le Service historique de l'armée de l'Air. Promu général, Chambe s'évade de France en 1943 et participe aux campagnes d'Italie, de France et d'Allemagne. Il a écrit des livres sur l'histoire aéronautique et ses grandes figures.

Photographie de Georges Pelletier-Doisy (1892-1953). Il s'engage en 1910 dans la cavalerie puis est détaché dans l'aviation. Pilote de chasse, il remportera cinq victoires et est nommé sous-lieutenant. Après-guerre, il participe à plusieurs raids. En juin 1924, il rallie Tokyo après avoir parcouru plus de 20 000 km en 119 heures de vol. En poste au Maroc, Pelletier-Doisy accomplit à partir de 1928 des vols de surveillance et de bombardement.

L'escadrille des *Cigognes*

L'escadrille de chasse la plus célèbre est la n°3. Ayant pour insigne une cigogne évoquant l'Alsace à libérer, la « 3 » est un vivier d'« As ». Ce terme désigne l'aviateur qui, titulaire de cinq victoires aériennes officielles, voit son nom cité au communiqué officiel des armées. Au fil de la guerre les *Cigognes* désignent le groupe de combat n°12 qui comprend jusqu'à sept escadrilles.

La fresque Les Cigognes *peinte par Jean de Moulignon en 1916. Elle représente six personnalités de la « 3 » défilant derrière l'animal fétiche armé d'une mitrailleuse. De gauche à droite : Brocard, Guynemer, Dorme, Heurtaux, Deullin avec le chien « Parasol », de La Tour.*

© Service historique de la Défense, CHA Vincennes, AI Fi B83-1466.

Photographie d'Antonin Brocard (1884-1950). Officier d'infanterie de montagne, il sert dans l'aviation en 1914. Le capitaine Brocard à la tête de l'escadrille n°3 remporte plusieurs victoires puis est nommé commandant. Il accède en octobre 1916 à la tête du groupe de combat n°12. Brocard devient le 1er octobre 1917 chef de cabinet du sous-secrétaire d'État à l'aéronautique. Quittant l'aviation en 1921 pour entrer en politique, il est promu général en 1937.

© Service historique de la Défense, CHA Vincennes, AI Fi B85-504.

Photographie de Georges Guynemer (1894-1917). D'abord refusé au service armé pour faiblesse de constitution, Guynemer est engagé volontaire fin 1914 comme élève-mécanicien. Il obtient son brevet de pilotage en avril 1915 et rejoint les Cigognes. *Combattant tenace, à bord de son avion baptisé* Vieux Charles, *il est plusieurs fois blessé. Le capitaine Guynemer détient 53 victoires homologuées lorsqu'il disparaît en combat aérien le 11 septembre 1917. Son corps n'a pas pu être retrouvé.*

© Service historique de la Défense, CHA Vincennes, AI Fi B86-1058.

Photographie de René Dorme (1894-1917). Il sert dans l'artillerie en Tunisie lorsque la guerre éclate. Il rejoint la France et devient pilote en avril 1915. Affecté à la défense de Paris, Dorme inaugure en janvier 1916 les vols de protection de nuit, puis en juillet intègre la n°3 où il gagne le surnom de Père Dorme. *Le sous-lieutenant Dorme est tué le 25 mai 1917, totalisant 120 combats en 623 heures de vol et 23 victoires officielles.*

© Service historique de la Défense, CHA Vincennes, AI 18 Z 13515.

Photographie d'Alfred Heurtaux (1893-1985). Officier de cavalerie, il est versé dans l'aéronautique fin 1914. En novembre 1916 le lieutenant Heurtaux prend le commandement de la SPA 3. Totalisant 21 victoires, il est contraint d'arrêter les vols en septembre 1917 en raison de ses blessures. Refusant la défaite de 1940, Heurtaux s'engage dans la Résistance. Arrêté fin 1941, déporté dans un camp de concentration, il est libéré en 1945 et fait compagnon de la Libération. Le général Heurtaux est grand-croix de la Légion d'honneur.

Photographie d'Albert Deullin (1890-1923). Officier de cavalerie, il devient pilote en 1915. Il effectue des missions de reconnaissance, réglage d'artillerie, repérages photographiques et bombardement. Le capitaine Deullin rejoint la chasse et commande la SPA 73 en 1917, puis le groupe de chasse n°19 pour totaliser 20 victoires aériennes. La paix revenue il entre à la compagnie franco-roumaine de navigation aérienne. Il se tue en vol.

Photographie de Mathieu Tenant de La Tour (1883-1917). Chasseur alpin puis cavalier, il se porte volontaire pour l'aviation. Breveté pilote en juin 1915, il passe par plusieurs escadrilles et abat en janvier 1916 un Drachen, *le ballon d'observation allemand. Blessé pour la deuxième fois, de La Tour est évacué vers les lignes arrières. Le capitaine de La Tour totalise 9 victoires lorsqu'il meurt le 17 décembre 1917 durant une exhibition aérienne.*

Les missions spéciales

Des agents des douanes sont transportés la nuit par avion et déposés à l'intérieur des lignes ennemies afin d'obtenir du renseignement, voire saboter des infrastructures. S'ils sont capturés, ces « missionnaires » risquent d'être fusillés. La France réalise une cinquantaine de missions spéciales, principalement en 1915, sur le front des Ardennes. Jules Védrines en accomplit sept, René Bodin quatre, Navarre trois et Guynemer deux.

Védrines (au centre devant l'hélice) et Navarre (2e à partir de la droite) le 19 juillet 1915 à l'escadrille MS 12.

L'aviation maritime

■ Le 10 juillet 1914 est créé le Service central de l'aviation maritime regroupant 14 hydravions et une centaine de personnes dont 27 pilotes. À partir du 21 octobre 1914, un tiers de ses effectifs est mis à disposition des escadrilles de l'aéronautique militaire.
L'aviation maritime participe à la chasse aérienne, escorte les navires, lutte contre les appareils sous-marins (*U-Boote*, mines flottantes) qui s'attaquent aux convois de bateaux alliés sur les côtes françaises. Elle organise des patrouilles maritimes et surveille les côtes.

Cet avion Maurice Farman, *survolant un bateau, porte des cocardes tricolores sur les ailes et une bande bleu blanc rouge sur la dérive.*

© Service historique de la Défense, CHA Vincennes, AI Z 35021.

■ Une escadrille française d'hydravions est mise en place à Venise de mai 1915 à avril 1917 pour surveiller la mer Adriatique et intervenir contre les navires ou sous-marins ennemis.

Photographie de l'enseigne de vaisseau de 1re classe Jean Roulier devant un hangar du Centre d'aviation maritime de Venise. Il meurt en combat aérien le 15 août 1916.

© Service historique de la Défense, CHA Vincennes, 2008 PA 122/3.

Photographie de Louis Fatou (1867-1957). Il entre dans la Marine en 1882 et fonde en 1912 le Service de l'aviation maritime. En 1913, il commande La Foudre. *Nommé en 1916 contre-amiral et commandant supérieur des flottilles de patrouille anti-sous-marine, Fatou assure l'escorte des convois de ravitaillement de l'armée d'Orient.*

© Service historique de la Défense, CHA Vincennes, MV 1 Coll. 17.

Photographie du lieutenant de vaisseau Eugène Conneau (1880-1937). Le 18 février 1911, il devient le premier marin à obtenir le brevet de pilote militaire. Deux mois plus tard, détaché à la maison Blériot, il prend le nom d'emprunt d'André Beaumont pour participer à des courses d'avions. Il est commandant d'escadrille en 1914 puis, fin 1915, prend un poste de directeur technique dédié au perfectionnement des hydravions livrés à la Marine.

© Service historique de la Défense, CHA Vincennes, MV 1 Coll. 10.

Photographie du lieutenant de vaisseau Henry de L'Escaille (1880-1954). En 1912, il est breveté pilote militaire et embarque sur La Foudre. *Il commande l'escadrille d'hydravions mise à disposition de la* Royal Navy *par la Marine française de novembre 1914 à avril 1916 pour patrouiller le long des côtes de Palestine et en mer Rouge ainsi que pour protéger le canal de Suez de la menace des forces armées turques.*

L'aérostation

■ Le Polytechnicien Albert Caquot conçoit un ballon d'observation de forme allongée avec un empennage et offrant une meilleure résistance au vent.

Un ballon d'observation manœuvré depuis le sol par des sapeurs aérostiers du génie à l'aide de câbles reliés à des treuils mécaniques. Dans sa nacelle, l'observateur dispose d'un parachute pour sauter en cas d'attaque d'un avion ennemi. Le ballon est protégé par des canons anti-aériens et des avions de chasse.

© Service historique de la Défense, CHA Vincennes, AI Fi B83-3329.

■ Le ballon Caquot est construit en 1000 exemplaires pour équiper la Marine française et des pays alliés.

En octobre 1917, des centres de ballons captifs entrent en service. Ils constituent un réseau presque continu de surveillance du littoral. Un Caquot assure la surveillance des eaux côtières au-dessus d'embarcations.

© Service historique de la Défense, CHA Vincennes, AI Fi B91-6120.

La Marine met en place en 1916 une flotte de ballons dirigeables destinée à la chasse des sous-marins allemands dans l'océan Atlantique nord.

Le dirigeable Astra-Torres n°4 *décolle de Rochefort en 1918 sous les yeux d'un marin de dos au premier plan. C'est un des 37 dirigeables marins répartis dans 12 centres.*

Devenir aviateur

■ La France forme en quatre ans plus de 18 000 pilotes et observateurs pour servir dans les spécialités de l'aéronautique. Ces personnels navigants reçoivent à partir de septembre 1916 un insigne de poitrine pour leur réussite au brevet d'aviateur militaire. Les aviateurs marins disposent à partir d'avril 1917 du brevet de pilote d'hydravion et 1 500 sont formés pendant la guerre au pilotage ou à l'observation.

Un instructeur explique le fonctionnement d'un moteur rotatif à des élèves à l'École d'aviation d'Ambérieu en 1918.

© Service historique de la Défense, CHA Vincennes, AI Z 21347.

■ Les contrôles d'identité sont renforcés en temps de guerre. Les aviateurs ont des papiers officiels permettant de les identifier.

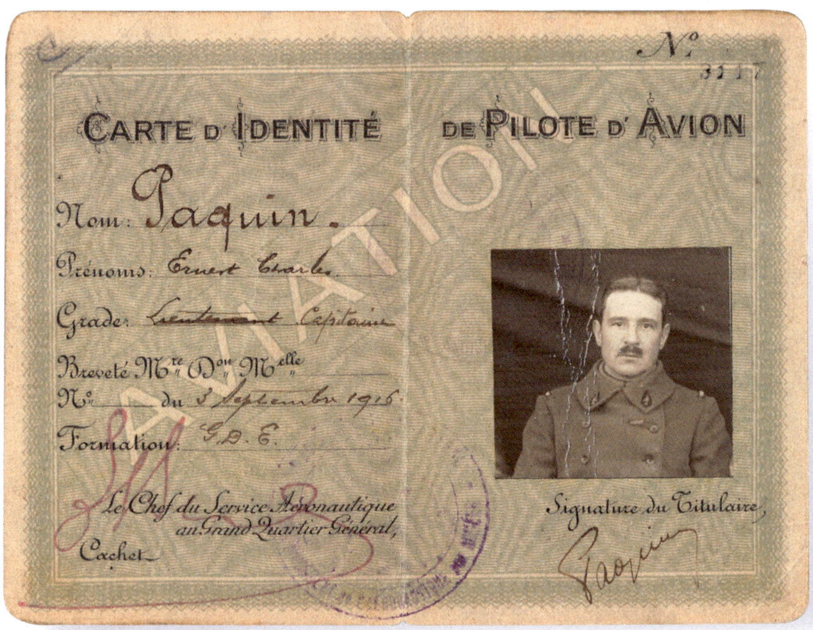
N° 3117

CARTE D'IDENTITÉ DE PILOTE D'AVION

AVIATION

Nom : Paquin.

Prénoms : Ernest Charles

Grade : ~~Lieutenant~~ Capitaine

Breveté Mre Don Melle

N° du 3 Septembre 1916

Formation : G.D.E.

Le Chef du Service Aéronautique au Grand Quartier Général,

Cachet

Signature du Titulaire,

Paquin

Carte d'identité du pilote Ernest Paquin délivrée le 3 septembre 1916. Elle précise son grade, l'origine de sa formation et porte sa signature.

© Service historique de la Défense, CHA Vincennes, AI Z 29738.

La vie en escadrilles

■ Les mécaniciens font partie du personnel travaillant au sol. Ils sont un allié indispensable du pilote.

Huit « mécanos » des Cigognes *se mettent en scène en 1916 avec des objets emblématiques de leur travail. De gauche à droite :* fusées Le Prieur *pour abattre des* Drachen*, pochoir pour peindre l'insigne de l'escadrille sur les flancs des avions, châssis moteur d'un fuselage, hélice, moteur, réservoir de carburant.*

© Service historique de la Défense, CHA Vincennes, DE 2007 PA 153/5.

■ Des aviateurs couchent sur papier leur vie quotidienne au sein d'une escadrille ou dépeignent leur environnement aéronautique.

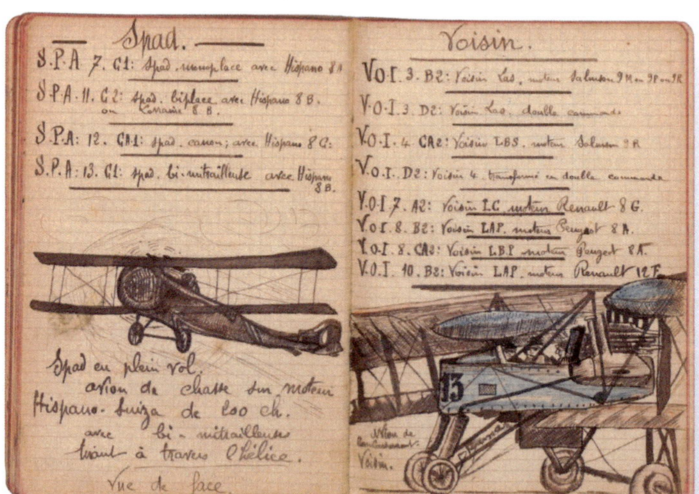

Ce carnet manuscrit présente les caractéristiques de l'avion de chasse SPAD et du bombardier Voisin : escadrille d'appartenance, nombre de places, armement, moteur.

© Service historique de la Défense, CHA Vincennes, AI 4 Z 39021.

■ Une héraldique nouvelle est inventée par les aviateurs. Les avions de chaque escadrille de l'aéronautique militaire sont ornés à partir de 1916 d'un insigne reprenant le plus souvent l'un des thèmes suivants : la patrie, la combativité, l'état d'esprit des aviateurs et les centres d'intérêt du commandant. L'escadrille de bombardement n°102 recourt à un jeu de mots. Son chef en 1917 étant le capitaine Derode, féru de Grèce antique, elle choisit un soleil à 24 rayons dit « Soleil de Rhodes ». Cet insigne est aujourd'hui présent sur les avions à réaction *Mirage 2000* de l'escadron de chasse 2/3 *Champagne* basé à Nancy-Ochey.

Morceau de la toile d'un avion de l'escadrille n°102 encadré.

© Service historique de la Défense, collection Symbolique Air Vincennes / Photo SHD, CHA Vincennes, D. Viola.

■ Des insignes originaux sont choisis par des aviateurs, traduisant leur état d'esprit.

L'insigne de la SAL 252 représente un clown blanc auquel est adjointe la mention « Qu'importe ! ». L'attitude désabusée du personnage et le ton résigné de la devise soulignent le désarroi face à la perte de frères d'armes.

© Service historique de la Défense, CHA Vincennes, Air, collection archives artistiques de l'aéronautique militaire.

■ Des fanions recevant les décorations collectives sont déployés lors des cérémonies militaires et marquent ainsi les premières traditions de l'aéronautique militaire.

L'insigne de la n°38 représente un chardon noir posé sur un fanion triangulaire taillé blanc et rouge avec la devise « qui s'y frotte, s'y pique ». Le chardon de Lorraine est choisi à l'automne 1917 pour évoquer la ville de Nancy et les deux couleurs traditionnelles de cette province en partie occupée par l'Allemagne. Ce fanion est décoré de la Croix de guerre.

© Service historique de la Défense, collection Symbolique Air Vincennes / Photo SHD CHA Vincennes, D. Viola.

■ Les activités journalières sont retracées dans des journaux des marches et opérations.

La couverture du cahier de la SPA 38 s'orne du buste d'un coq chantant, assorti des noms de batailles auxquelles l'escadrille a participé.

© Service historique de la Défense, CHA Vincennes, AI 1 A 288.

Des aviateurs hors normes

■ Les aviateurs vivent dans des conditions matérielles supérieures à celles des fantassins dans les tranchées. Sur le total de 1 350 000 soldats français tués entre 1914 et 1918, l'aéronautique militaire ne dénombre « que » 5 000 décès. Ce chiffre réduit semble faible mais les effectifs de l'aéronautique le sont aussi (75 000 personnes au total). Un cinquième des pilotes meurt au combat ou par accident aérien. La Marine déplore la perte de près de 200 marins aviateurs.

Sur un champ d'aviation des aviateurs ont dressé la table.

© Service historique de la Défense, CHA Vincennes, AI Z 11112.

■ À partir de 1915, la presse écrite met en avant des pilotes pour incarner le courage et les qualités du pays en guerre. La propagande développe ainsi le mythe des « chevaliers de l'air ». Fin 1918 la France compte plus de 180 As, qui totalisent la moitié des victoires aériennes françaises. La 25e citation de Guynemer est lue chaque 11 septembre sur toutes les bases aériennes : « *Héros légendaire tombé en plein ciel de gloire après trois ans de lutte ardente. Restera le plus pur symbole des qualités de la race : ténacité indomptable, énergie farouche, courage sublime. Animé de la foi la plus inébranlable dans la victoire, il lègue au soldat français un souvenir impérissable qui exaltera l'esprit de sacrifice et provoquera les plus nobles émulations.* »

La revue La Guerre aérienne illustrée *consacre un numéro spécial le 18 octobre 1917 à l'As français le plus célèbre.*

© Service historique de la Défense, Bibliothèque Vincennes, P 742.

■ Les aviateurs seraient rebelles à la discipline.

Courrier de Georges Clemenceau, président du Conseil et ministre de la Guerre, au général commandant les armées du nord et du nord-est le 5 mai 1918 dans lequel il exprime son mécontentement : « Les jeunes aviateurs se font en effet remarquer par des tenues d'une fantaisie souvent ridicules *[…]*. De plus, certains d'entre eux affectent de ne pas saluer leurs supérieurs. »

© Service historique de la Défense, CHA Vincennes, AI 1 A 13.

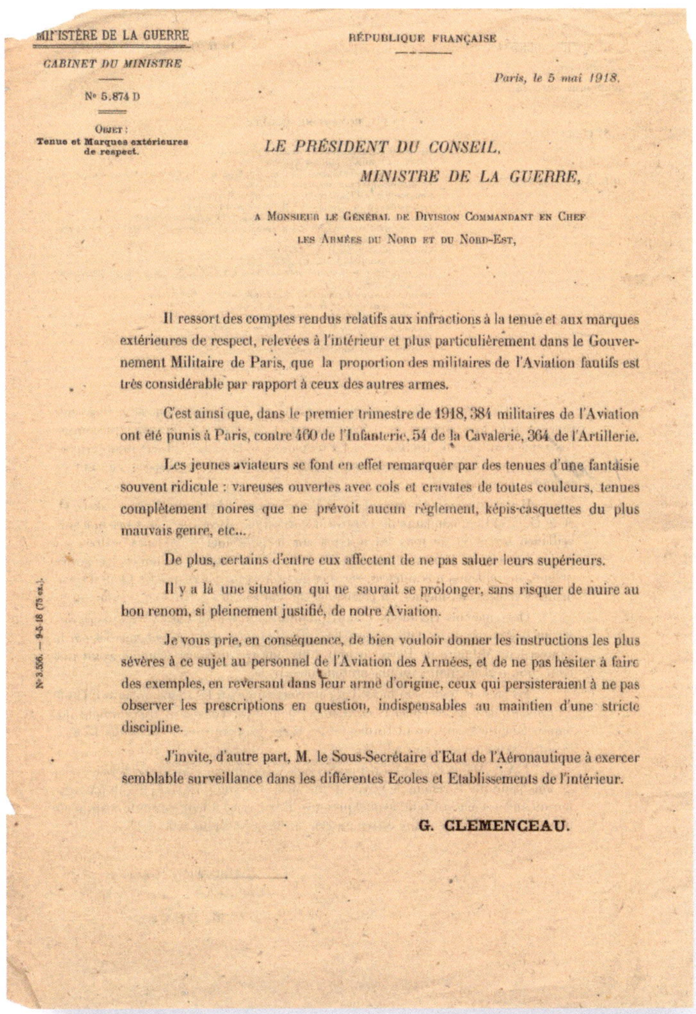

MINISTÈRE DE LA GUERRE

CABINET DU MINISTRE

N° 5.874 D

OBJET : Tenue et Marques extérieures de respect.

RÉPUBLIQUE FRANÇAISE

Paris, le 5 mai 1918.

LE PRÉSIDENT DU CONSEIL,
MINISTRE DE LA GUERRE,

A MONSIEUR LE GÉNÉRAL DE DIVISION COMMANDANT EN CHEF LES ARMÉES DU NORD ET DU NORD-EST,

Il ressort des comptes rendus relatifs aux infractions à la tenue et aux marques extérieures de respect, relevées à l'intérieur et plus particulièrement dans le Gouvernement Militaire de Paris, que la proportion des militaires de l'Aviation fautifs est très considérable par rapport à ceux des autres armes.

C'est ainsi que, dans le premier trimestre de 1918, 384 militaires de l'Aviation ont été punis à Paris, contre 460 de l'Infanterie, 54 de la Cavalerie, 364 de l'Artillerie.

Les jeunes aviateurs se font en effet remarquer par des tenues d'une fantaisie souvent ridicule : vareuses ouvertes avec cols et cravates de toutes couleurs, tenues complètement noires que ne prévoit aucun règlement, képis-casquettes du plus mauvais genre, etc...

De plus, certains d'entre eux affectent de ne pas saluer leurs supérieurs.

Il y a là une situation qui ne saurait se prolonger, sans risquer de nuire au bon renom, si pleinement justifié, de notre Aviation.

Je vous prie, en conséquence, de bien vouloir donner les instructions les plus sévères à ce sujet au personnel de l'Aviation des Armées, et de ne pas hésiter à faire des exemples, en reversant dans leur armé d'origine, ceux qui persisteraient à ne pas observer les prescriptions en question, indispensables au maintien d'une stricte discipline.

J'invite, d'autre part, M. le Sous-Secrétaire d'Etat de l'Aéronautique à exercer semblable surveillance dans les différentes Ecoles et Etablissements de l'intérieur.

G. CLEMENCEAU.

N° 3.556. — 9-5-18 (75 ex.).

Des étrangers au service de la France

■ L'escadrille *La Fayette*, placée sous commandement français, regroupe d'avril 1916 à février 1918 des volontaires américains. Ceux-ci se sont au préalable engagés dans la Légion étrangère.

Photographie extraite de l'album du Groupe de bombardement n° 4, Luxeuil 1916. De gauche à droite : James McConnell, Kiffin Rockwell, le capitaine français Georges Thenaud, Norman Prince, James Hall. Trois de ces quatre pilotes américains sont morts au combat.

© Service historique de la Défense, CHA Vincennes, AI Z 24460.

Photographie d'Eugene Bullard (1895-1961). Afro-américain descendant d'esclaves, il quitte les États-Unis en 1912 pour rejoindre la France. Il se vieillit d'un an et s'engage en 1914 dans l'infanterie française. Après avoir été blessé en 1916 à Verdun, Bullard passe dans l'aviation française. Il ne vole pas dans l'escadrille La Fayette. *Il est, avec l'ottoman Ahmet Ali Celikten, l'un des premiers pilotes de chasse noirs et remporte plusieurs victoires aériennes. Bullard combat de nouveau aux côtés de la France en 1940.*

Source : U.S. Air Force photo.

Photographie de Niels Leth Jensen (1886-1968). Citoyen danois, il est breveté pilote en août 1914 puis vole au sein des escadrilles MS 31, N 31 et N 76. Ce sous-lieutenant ajoute sur son avion l'inscription « Viking ». Naturalisé français en 1919, il devient ensuite président de la Société des Carburateurs à Paris.

© Service historique de la Défense, CHA Vincennes, AI Z 35021.

Photographie de Kiyotaké Shigeno (1882-1924). D'origine japonaise, il devient pilote en 1912. Il s'engage dans l'armée française fin 1914. Affecté dans l'aviation, Shigeno se distingue lors de vols de reconnaissance. En 1916 il passe dans la chasse, aux Cigognes *où il est nommé capitaine. Démobilisé en 1919, Shigeno retrouve son pays natal pour y développer l'aviation nationale.*

© Service historique de la Défense, CHA Vincennes, AI Fi B77-795.

Des animaux dans la guerre

■ L'armée française utilise 30 000 pigeons voyageurs entre 1914 et 1918. Les volatiles transportent les messages dans un porte-dépêche accroché sur la patte ou la queue.

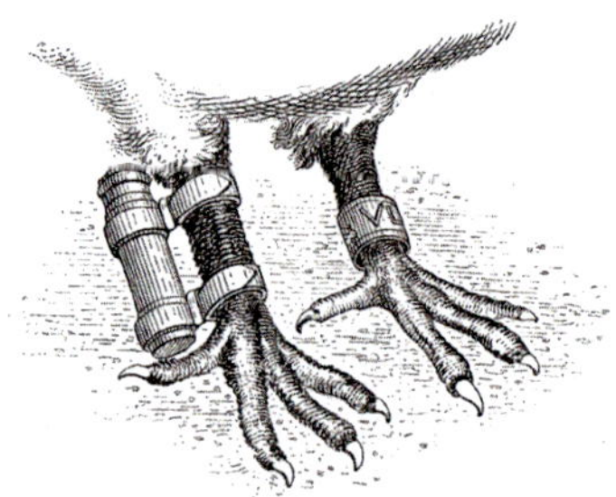

Fig. 9. — Vue des pattes d'un pigeon munies d'une bague et d'un porte-dépêche métallique.

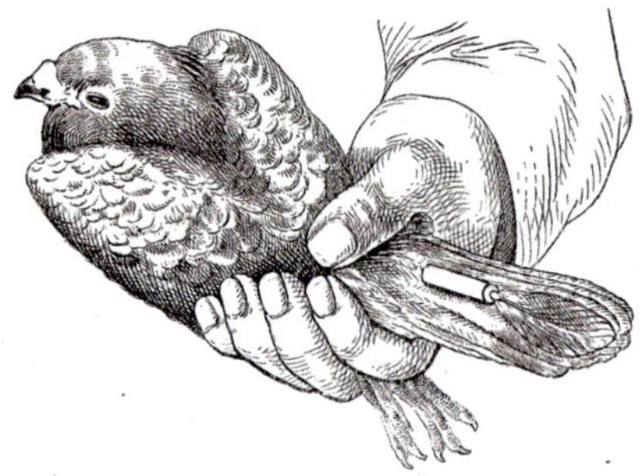

Fig. 10. — Manière de tenir un pigeon pour la mise en place d'une dépêche.

Cette Instruction sur l'organisation et le fonctionnement des colombiers militaires *publiée en 1916 détaille la manière de manipuler le pigeon sans le blesser.*

© Service historique de la Défense, CHA Vincennes, MV SS Ga 137.

■ Pendant le conflit, des « inventeurs » songent à utiliser des volatiles pour combattre l'ennemi. Des expérimentations ont lieu aujourd'hui sur la base aérienne de Villacoublay avec des faucons dressés à prendre dans leurs serres des drones de petite taille.

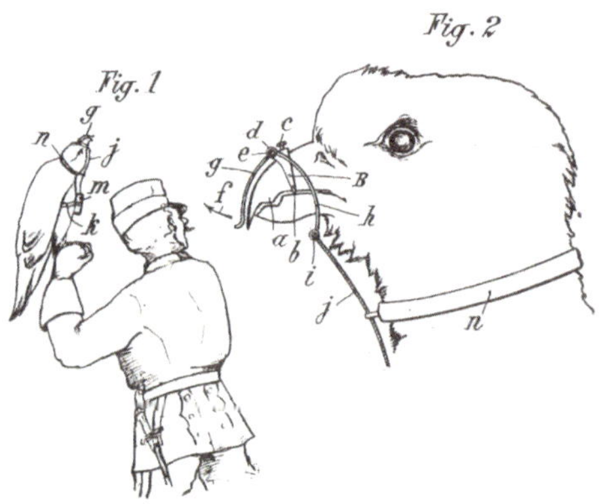

« Système d'engin vivant pour la destruction d'appareils aériens », à savoir un rapace équipé de pointes métalliques (mars 1912). Ce projet de Louis Taverna n'est pas retenu par les autorités.

© Service historique de la Défense, CHA Vincennes, DE 2012 ZL 243/59.

■ Les aviateurs apprécient les animaux de compagnie dont certains deviennent les mascottes de l'escadrille.

L'As américain Raoul Luftbery, titulaire de 17 victoires, joue avec un lionceau et une lionne adoptés par l'escadrille La Fayette. *Ces deux félins ont été baptisés respectivement avec humour « Whisky » et « Soda ».*

© Service historique de la Défense, CHA Vincennes, AI Z 24460.

■ Les chiens sont utilisés pour traquer les rongeurs qui endommagent les entoilages des avions et des ballons.

MINISTÈRE DE LA GUERRE

SERVICE DES CHIENS DE GUERRE

LIVRET MATRICULE

DE CHIEN

N° mle au chenil dépôt 689
au chenil agréé
au chenil central

NOM en grosse bâtarde Calino de Paris

DÉSIGNATION DES CORPS AUXQUELS LE CHIEN EST SUCCESSIVEMENT AFFECTÉ

Escadrille 3

Livret matricule du scottish terrier Calino du Service des chiens de guerre. Son livret matricule précise qu'il provient de Paris, « sert » en 1918 au sein de l'escadrille n°38 et que son caractère est « doux et facile ». Une photographie permet de l'identifier.

© Service historique de la Défense, CHA Vincennes, AI 1 A 288.

La production industrielle

■ Quatre années d'évolutions et de progrès technologiques favorisent le développement exponentiel de l'aéronautique. La vitesse maximale des avions double pour atteindre 200 km/h. Leurs capacités opérationnelles augmentent considérablement avec des combats jusqu'à 6 000 mètres d'altitude.

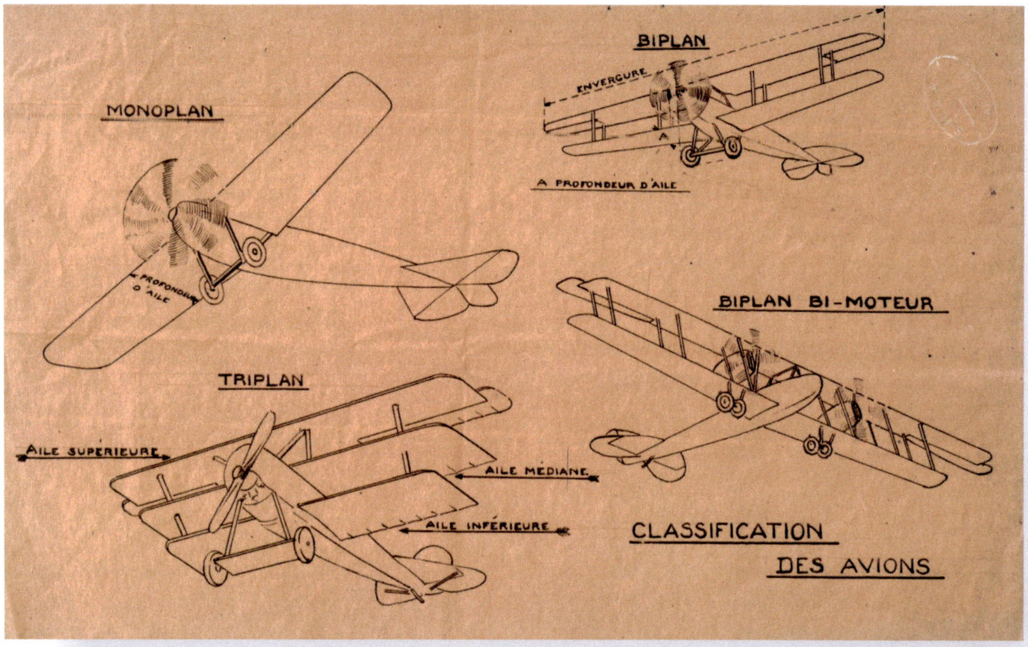

Les dessins explicatifs de ce document classent les avions en fonction de leur nombre d'ailes et de moteurs.

© Service historique de la Défense, CHA Vincennes, AI 1 A 302.

Vue d'usine qui montre les étapes du travail à la chaîne pour l'assemblage d'un avion Nieuport *: fuselage, gouvernail arrière, ailes puis hélice.*

© Service historique de la Défense, CHA Vincennes, AI Fi B87-444.

Des ouvriers posent devant un hydravion Tellier *sorti des ateliers de fabrication* Fabre *à Marseille en 1918.*

© Service historique de la Défense, CHA Vincennes, MV 2 Coll. 16.

LUTTE D'ARTILLERIE SUR LE FRONT. — LE BOMBARDEMENT DE PARIS EN 1871

EXCELSIOR

Lundi 22 AVRIL 1918

LA FABRICATION INTENSIVE DES AVIONS EN ANGLETERRE

APPRENTIES VÉRIFIANT ÉCROUS ET BOULONS D'AVION

L'EXAMEN DES PIÈCES SÉPARÉES A L'ATELIER DE L'ÉCOLE

LE TRAVAIL PRÉPARATOIRE A LA FABRICATION DES HAUBANS

JEUNES FEMMES FABRIQUANT UN CABLE-TENDEUR

La première page du n° 2715 du journal Excelsior *publié le 22 avril 1918 est intitulée : « La fabrication intensive des avions en Angleterre ».*

© Service historique de la Défense, CHA Vincennes, AI Z 11631.

L'APRÈS-GUERRE

Le retour à la paix nécessite une reconversion des personnels et des appareils qui se comptent par milliers. L'aviation française relève de nouveaux défis pendant deux décennies. Les raids défrichent des routes commerciales. Au bout de quatorze années de lutte entre partisans et opposants d'une aviation militaire indépendante ou au service de l'armée et de la Marine, la réorganisation de l'appareil militaire aboutit à une répartition des avions entre l'armée de l'Air, créée en 1933, et l'aéronautique navale, qui voit le jour en 1936 et relève de la Marine.

La reconnaissance

■ À l'armistice du 11 novembre 1918, l'aéronautique militaire française est la plus puissante au monde avec plus de 3 000 avions en ligne répartis en 300 escadrilles. L'aéronautique maritime dispose de 700 hydravions. La paix annonce des lendemains qui déchantent. Durant le défilé de la Victoire du 14 juillet 1919, les aviateurs ne sont pas autorisés à défiler dans le ciel par crainte qu'un avion s'écrase sur Paris. En signe de protestation, des pilotes envisagent de passer en avion sous l'Arc de triomphe. Cet exploit est réussi le 7 août 1919 par le sergent Charles Godefroy qui passe sous la grande voûte et entre les piliers de l'Arc de triomphe.

Photographie de l'exploit du 7 août 1919 par le sergent Charles Godefroy.

■ Le retour à la vie civile peut être difficile. Charles Nungesser, troisième As français de 14-18 avec 45 victoires, fonde à Orly une éphémère école de pilotage. Le 8 mai 1927 Nungesser décolle du Bourget avec François Coli pour tenter la première traversée en avion sans escale de l'Atlantique nord. Leurs corps ne sont pas retrouvés.

Couverture du catalogue de l'école d'aviation d'Orly avec le portrait de Nungesser en grande tenue avec ses médailles.

© Service historique de la Défense, CHA Vincennes, AI Z 2607/12.

■ L'industriel Pierre-Georges Latécoère parie sur l'avenir de l'aviation pour transporter des passagers et du courrier de la France vers l'étranger. Les lignes Latécoère déposent le bilan en 1927 et deviennent la « Compagnie générale aéropostale », qui vole jusqu'en Amérique du Sud et passe à la postérité grâce aux romans d'Antoine de Saint-Exupéry.

Affiche des lignes aériennes G. Latécoère pour les vols de Toulouse à Casablanca, 1921.

© Collection Musée Air France / Service historique de la Défense, CHA Vincennes, AI 1 Fi ICO 472.

Des aviateurs militent pour une unité de l'action aérienne et l'aéronautique est érigée au rang de cinquième arme par la loi du 8 décembre 1922. Le 14 septembre 1928 est créé le ministère de l'Air qui permet d'unifier l'aviation et l'industrie aéronautique. Les Forces aériennes de Terre voient l'aéronautique militaire assurer des missions de coopération avec les unités terrestres.

Affiche de recrutement réalisée en 1931 par Marcel Jeanjean. L'œuvre la plus connue de cet auteur est l'album Sous les cocardes *retraçant avec humour et tendresse la vie quotidienne des aviateurs en 14-18.*

© Service historique de la Défense, CHA Vincennes, AI 1 Fi ICO 3.

Peinture de Maurice Toussaint. Marins et aviateurs défilant ensemble. L'uniforme de l'armée de l'Air s'inspire de la Marine et se compose d'une casquette, d'une veste « bleu Louise » à une rangée de boutons dorés et d'un pantalon. Le poignard symbolise le commandement. Les officiers sont désormais formés à l'École de l'air.

© Service historique de la Défense, CHA Vincennes, GR 2 K 148 / 88-390.

En plein développement de l'empire colonial, un raid de longue distance est organisé en Afrique pour promouvoir l'armée de l'Air. La *Croisière noire* se déroule du 8 novembre 1933 au 16 janvier 1934 et voit 20 avions parcourir 25 000 km sous les ordres du général Joseph Vuillemin, futur chef d'état-major général de l'armée de l'Air.

L'arrivée sur la base aérienne d'Istres du Potez 25 *de Vuillemin. Des soldats tiennent des fanions représentant la cocotte, emblème hérité de 14-18, qui orne les avions du raid.*

© Service historique de la Défense, CHA Vincennes, AI Fi B84-4224.

La compagnie nationale de transport aérien Air France est inaugurée le 7 octobre 1933.

*Affiche d'*Air France *de 1936. L'illustrateur a marié au sein d'un planisphère la rose des vents des cartes anciennes de navigateurs à la modernité de l'avion et de l'hydravion. L'affiche vante le « Réseau aérien mondial », reliant la métropole aux colonies dont l'insigne est un « hippocampe ailé ».*

© Collection Musée Air France / Service historique de la Défense, CHA Vincennes, AI 1 Fi ICO 434.

■ À partir de 1926, la Marine transforme le cuirassé *Béarn* en porte-avions capable d'emmener sur mer des appareils embarqués. Le décret du 22 août 1936 voit l'aéronautique maritime devenir l'aéronautique navale. Elle passe un accord avec l'armée de l'Air et lui rétrocède quelques moyens et missions tout en conservant l'essentiel de ses forces.

1936, des personnels s'affairent sur le Béarn *autour de deux avions* Pierre Lavasseur PL 7 *aux ailes repliables hissés par un ascenseur sur le pont d'envol. Cette photographie est annonciatrice de l'importance future de la guerre aéronavale.*

Chronologie

19 septembre 1783 :	1er vol d'êtres vivants en ballon
21 novembre 1783 :	1er vol humain en ballon
2 avril 1794 :	création de la Compagnie d'aérostiers
1870-1871 :	pont aérien de Paris en ballons
1877 :	fondation de l'Établissement central de l'aérostation militaire
9 août 1884 :	1er circuit aérien en ballon dirigeable par Renard et Krebs
9 octobre 1890 :	1er décollage en aéroplane par Ader
3 février 1892 :	convention entre le ministère de la Guerre et Ader
17 décembre 1903 :	1er vol en aéroplane par les frères américains Wright
25 juillet 1909 :	1re traversée en aéroplane de la Manche par Blériot
Septembre 1909 :	1ers aéroplanes achetés par l'armée française
22 septembre 1909 :	Ferber 1er mort de l'aviation française
28 mars 1910 :	1er décollage d'un hydravion par Henri Fabre
9 août 1910 :	Byasson 1er marin français breveté pilote d'aéroplane
Septembre 1910 :	1er aéroplane acheté par la Marine
7 février 1911 :	de Rose 1er brevet militaire de pilote d'aéroplane
20 mars 1912 :	création du Service de l'aviation maritime
29 mars 1912 :	création de l'aéronautique militaire
22 septembre 1913 :	1re traversée en avion de la Méditerranée par Garros
10 juillet 1914 :	création du Service central de l'aviation maritime
5 octobre 1914 :	1re victoire aérienne par Frantz et Quenault
Novembre 1914 :	arrivée d'une escadrille d'hydravions en Égypte
23 novembre 1914 :	création du groupe de bombardement *n°1*
1er mars 1915 :	la *MS 12* est la 1re escadrille consacrée à la chasse
25 mai 1915 :	création du Centre d'aviation maritime de Venise
Février-avril 1916 :	bataille aérienne de Verdun
Septembre 1916 :	création de l'insigne de poitrine pour le brevet d'aviateur militaire
Avril 1917 :	création du brevet de pilote d'hydravion
11 septembre 1917 :	disparition en combat aérien de Guynemer
9 mai 1918 :	six victoires le même jour par Fonck
8 décembre 1922 :	l'aéronautique devient la cinquième arme
1926 :	début de la transformation du *Béarn* en porte-avions
14 septembre 1928 :	création du ministère de l'Air
1er avril 1933 :	création de l'armée de l'Air
2 juillet 1934 :	loi fixant l'organisation générale de l'armée de l'Air
22 août 1936 :	l'aéronautique maritime devient l'aéronautique navale

Bibliographie sélective

ADER (Clément), *L'Aviation militaire*, Vincennes, SHAA, 1990.

KRUGLER (Gilles), *Le « Corsaire de l'air ». Maurice Happe et la naissance du bombardement stratégique*, Vincennes, SHD, 2005.

PORRET (Daniel), *Les « As » français de la Grande Guerre*. Tome 1, Tome 2, Vincennes, SHAA, 1983.

VERAN (Francine), *Archives de l'aéronautique militaire de la Première Guerre mondiale. Répertoire numérique détaillé de la série A (1914-1919) et guide des sources*, Vincennes, SHD, 2008.

Collectif, *La mémoire conservée du général Milan Rastilav Stefanik dans les archives du Service historique de la Défense*, Vincennes, SHD, 2008.

SHAA, *Les escadrilles de l'aéronautique militaire française. Symbolique et histoire 1912-1920*, Vincennes, SHAA, 2004.

SHAA, *Le diable, la cigogne et le petit lapin 1914-1918. Les aviateurs inventent une héraldique nouvelle*, Vincennes, SHAA, 2004.

SHAA, *Ailes du désert. L'aéronautique militaire française entre Méditerranée et Niger (1911-1939)*, Vincennes, SHAA, 2001.

SHAA, *Sur un air de réclame. Aéronautique et publicité 1908-1939*, Vincennes, SHAA, 2000.

SHAA, *Guynemer, un mythe, une histoire*, Vincennes, SHAA, 1997.

Collectif, *Les aviateurs français et allemands de la Grande Guerre 1914-1918*, SHAA/Conseil général de Moselle, 1996.